THE CRICKET SINGS

Federico García Lorca

THE CRICKET SINGS

POEMS AND SONGS FOR CHILDREN
TRANSLATED BY WILL KIRKLAND
ILLUSTRATED BY MARIA HORVATH

NEW DIRECTIONS

Will Kirkland wishes to acknowledge the generous and
devoted work Francisco Sanz put into these translations.

Manufactured in the United States of America
First published as New Directions Paperbook 506 in 1980
Published simultaneously in Canada by George J. McLeod, Ltd.,
Toronto

Library of Congress Cataloging in Publication Data

García Lorca, Federico, 1898-1936.   The cricket sings.

Selections from Canciones y poemas para niños. English and
Spanish. Summary: A selection of the poems and songs Federico
García Lorca wrote especially for children, presented together with
the Spanish texts.   1. Children's poetry, Spanish — Translations
into English.   2. Children's poetry, English — Translations from
Spanish.   3. Children's poetry, Spanish. [1. Spanish poetry.
2. Spanish language — Readers] I. Kirkland, Will, 1943-
II. Horvath, Maria, 1948- III. Title. PQ6613.A763A256   1980
              861'.62 80-15560   ISBN 0-8112-0780-3

New Directions Books are published for James Laughlin
by New Directions Publishing Corporation
80 Eighth Avenue, New York 10011

THE CRICKET SINGS

CANCIÓN CHINA EN EUROPA

A mi ahijada Isabel Clara

La señorita
del abanico,
va por el puente
del fresco río.

Los caballeros
con sus levitas,
miran el puente
sin barandillas.

La señorita
del abanico
y los volantes,
busca marido.

Los caballeros
están casados,
con altas rubias
de idioma blanco.

Los grillos cantan
por el Oeste.

(La señorita,
va por lo verde.)

CHINA SONG IN EUROPE

To my goddaughter Isabel Clara

The lady
with the fan,
goes over the bridge
of the cool river.

Gentlemen
with their frock-coats
gaze at the bridge
with no guard rails.

The lady
with the fan
and the flounces,
is looking for a husband.

The gentlemen
are married,
to tall blondes
with snow white speech.

The crickets sing
in the West.

(The lady
goes over the green.)

Los grillos cantan
bajo las flores.

(Los caballeros,
van por el Norte.)

The crickets sing
beneath the flowers.

(The gentlemen
go about in the North.)

CANCIONCILLA SEVILLANA

A Solita Salinas

Amanecía
en el naranjel.
Abejitas de oro
buscaban la miel.

¿Dónde estará
la miel?

Está en la flor azul,
Isabel.
En la flor,
del romero aquel.

(Sillita de oro
para el moro.
Silla de oropel
para su mujer.)

Amanecía
en el naranjel.

SMALL SONG OF SEVILLE

To Solita Salinas

It was dawning
in the orange trees.
Tiny golden bees
were looking for honey.

Where could it be . . .
that honey?

It is in the blue flower,
Isabel.
In the rosemary flower
there.

(Small golden chair
for the Moor.
Chair of tinsel
for his wife.)

It was dawning
in the orange trees.

CANCIÓN TONTA

Mamá.
Yo quiero ser de plata.

Hijo,
tendrás mucho frío.

Mamá.
Yo quiero ser de agua.

Hijo,
tendrás mucho frío.

Mamá.
Bórdame en tu almohada.

¡Eso sí!
¡Ahora mismo!

SILLY SONG

Mama.
I want to be of silver.

Son,
you'll be very chilly.

Mama.
I want to be of water.

Son.
you'll be very chilly.

Mama.
Embroider me upon your pillow.

That of course!
I'll start at once!

EL LAGARTO ESTÁ LLORANDO

A Mademoiselle Teresita Guillén
tocando un piano de siete notas

El lagarto está llorando.
La lagarta está llorando.

El lagarto y la lagarta
con delantalitos blancos.

Han perdido sin querer
su anillo de desposados.

¡Ay, su anillito de plomo,
ay, su anillito plomado!

Un cielo grande y sin gente
monta en su globo a los pájaros.

El sol, capitán redondo,
lleva un chaleco de raso.

¡Miradlos que viejos son!
¡Que viejos son los lagartos!

¡Ay cómo lloran y lloran,
¡ay!, ¡ay!, cómo están llorando!

THE LIZARD IS CRYING

To Mademoiselle Teresita Guillén
playing a piano with seven notes

The lizard boy is crying.
The lizard girl is crying.

The lizard boy and lizard girl
with little white aprons.

They have lost their wedding ring
without meaning to.

Aii, their little ring of lead!
Aii, their little leaden ring!

A great big sky that has no people
rides the birds in its balloon.

The sun, round captain,
wears a satin vest.

Look at them, how old they are!
How old the lizards are!

Aii! how they cry and cry,
aii! aii! how they are crying!

PAISAJE

A Rita, Concha, Pepe y Carmencica

La tarde equivocada
se vistió de frío.

Detrás de los cristales,
turbios, todos los niños,
ven convertirse en pájaros
un árbol amarillo.

La tarde está tendida
a lo largo del río.
Y un rubor de manzana
tiembla en los tejadillos.

LANDSCAPE

To Rita, Concha, Pepe and Carmencica

The misplaced afternoon
dressed itself in cold.

    Behind the misted windows
all the children see
a yellow tree changing
into birds.

    The afternoon is stretching out
along the river.
And an apple blush
trembles on the little roofs.

LA TARARA

La Tarara, sí;
la Tarara, no;
la Tarara, niña,
que la he visto yo.

Lleva mi Tarara
un vestido verde
lleno de volantes
y de cascabeles.

La Tarara, sí;
la Tarara, no;
la Tarara, niña,
que la he visto yo.

Luce mi Tarara
su cola de seda
sobre las retamas
y la hierbabuena.

Ay, Tarara loca.
Mueve la cintura
para los muchachos
de las aceitunas.

THE TARARA

The Tarara, yes;
the Tarara, no;
the Tarara, girl,
I have seen her, so . . .

My Tarara wears
a dress of green
covered in ruffles
and jingle bells.

Tarara, yes;
Tarara, no;
the Tarara, girl,
I have seen her, so . . .

My Tarara shines
her silken train
over the mint
and the spanish-broom.

Aii, you crazy Tarara.
Move your waist
for the boys
of the olive trees.

LOS REYES DE LA BARAJA

Si tu madre quiere un rey,
la baraja tiene cuatro:
rey de oros, rey de copas,
rey de espadas, rey de bastos.

Corre que te pillo,
corre que te agarro,
mira que te lleno
la cara de barro.

Del olivo
me retiro,
del esparto
yo me aparto,
del sarmiento
me arrepiento
de haberte querido tanto.

THE KINGS OF THE DECK

If your mother wants a king,
the deck of cards has four:
the King of Cups, the King of Clubs,
the King of Swords, the King of Gold.

   Run or I'll catch you,
run or I'll squeeze you,
watch out or I'll give you
a mud pie — a face full.

   From the olive tree
I retreat,
from esparto grass
I move apart,
from the vine shoots
I repent
of having loved you so.

CANCIÓN DE JINETE

Córdoba.
Lejana y sola.

Jaca negra, luna grande,
y aceitunas en mi alforja.
Aunque sepa los caminos
yo nunca llegaré a Córdoba.

Por el llano, por el viento,
jaca negra, luna roja.
La muerte me está mirando
desde las torres de Córdoba.

¡Ay qué camino tan largo!
¡Ay mi jaca valerosa!
¡Ay que la muerte me espera,
antes de llegar a Córdoba!

Córdoba.
Lejana y sola.

THE RIDER'S SONG

Cordova.
Distant . . . alone.

Black mare, big moon,
olives in my saddlebags.
Though I may know the roads
I'll never arrive in Cordova.

Through the plains, through the wind,
black mare, red moon.
Death is watching me
from the towers of Cordova.

Aii how long the road is!
Aii my valiant mare!
Aii Death that waits for me
before I get to Cordova!

Cordova.
Distant . . . alone.

ARBOLÉ ARBOLÉ

Arbolé arbolé
seco y verdé.

La niña del bello rostro
está cogiendo aceituna.
El viento, galán de torres,
la prende por la cintura.
Pasaron cuatro jinetes,
sobre jacas andaluzas
con trajes de azul y verde,
con largas capas oscuras.
«Vente a Córdoba, muchacha.»
La niña no los escucha.
Pasaron tres torerillos
delgaditos de cintura,
con trajes color naranja
y espada de plata antigua.
«Vente a Sevilla, muchacha.»
La niña no los escucha.
Cuando la tarde se puso
morada, con luz difusa,
pasó un joven que llevaba
rosas y mirtos de luna.
«Vente a Granada, muchacha.»
Y la niña no lo escucha.

TREENEY TREENEY

Treeney treeney
dry and greeny.

    The girl with the beautiful face
is out picking olives.
The wind, suitor of towers,
holds her tightly round the waist.
Four riders passed by on mares
from Andalusia
in fancy suits of blue and green,
with long dark capes.
"Come to Cordova, young miss."
The girl doesn't listen.
Three bull fighting boys
passed by, so slim in the waist,
in suits colored orange
with swords of old silver.
"Come to Sevilla, young miss."
The girl doesn't listen.
When the afternoon fell
purple-dim, the light diffused,
a young man passed who carried
moon myrtle and roses.
"Come to Granada, young miss."
And the girl doesn't listen.

La niña del bello rostro
sigue cogiendo aceituna,
con el brazo gris del viento
ceñido por la cintura.

   Arbolé arbolé,
seco y verdé.

The girl with the beautiful face
goes on picking olives,
with the wind's gray arm
encircling her waist.

Treeney treeney
dry and greeny.

GALÁN

Galán,
galancillo.
En tu casa queman tomillo.

Ni que vayas, ni que vengas,
con llave cierro la puerta.

Con llave de plata fina.
Atada con una cinta.

En la cinta hay un letrero:
«Mi corazón está lejos.»

No des vueltas en mi calle.
¡Déjasela toda al aire!

Galán,
galancillo.
En tu casa queman tomillo.

THE GALLANT ONE

Gallant mine,
young gallant mine,
In your house they burn thyme.

Whether you come or whether you go
with a key I lock the door.

With a key of fine silver.
Tied with a ribbon.

On the ribbon there's inscribed:
"My heart is distant!"

Don't keep wandering round my street.
Leave it completely to the breeze!

Gallant mine,
young gallant mine.
In your house they burn thyme.

ADELINA DE PASEO

La mar no tiene naranjas,
ni Sevilla tiene amor.
Morena, qué luz de fuego.
Préstame tu quitasol.

Me pondrá la cara verde
—zumo de lima y limón—,
tus palabras—pececillos—
nadarán alrededor.

La mar no tiene naranjas.
Ay, amor.
¡Ni Sevilla tiene amor!

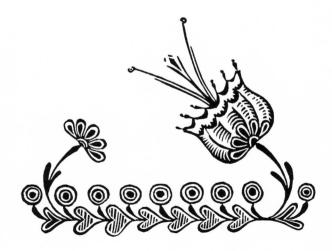

STROLLING ADELINA

The sea hasn't oranges
nor has Sevilla love.
Brown skin girl what firey light.
Loan me your parasol.

It will turn my face green
— lemon juice and lime —
your words — tiny fishes —
will go swimming all around.

The sea hasn't oranges.
Aii, love.
Nor has Sevilla love!

CORREDOR

Por los altos corredores
se pasean dos señores

  (Cielo
  nuevo.
  ¡Cielo
  azul!)

. . . se pasean dos señores
que antes fueron blancos monjes

  (Cielo
  medio.
  ¡Cielo
  morado!)

. . . se pasean dos señores
que antes fueron cazadores

  (Cielo
  viejo.
  ¡Cielo
  de oro!)

. . . se pasean dos señores
que antes fueron . . .
Noche.

CORRIDOR

In the high corridors
two gentlemen are strolling

> (New
> sky.
> Blue
> sky!)

. . . two gentlemen are strolling
who earlier were white robed friars

> (Mid
> sky.
> Purple
> sky!)

. . . two gentlemen are strolling
who earlier were hunters

> (Old
> sky.
> Gold
> sky!)

. . . two gentlemen are strolling
who earlier were . . .
Night.

RECUERDO

Doña Luna no ha salido.
Está jugando a la rueda
y ella misma se hace burla.
Luna lunera.

REMEMBRANCE

Lady Moon hasn't come out.
She is playing round-the-ring
and laughing at herself.
Moon mooning.

Aquella estrella romántica
(para las magnolias,
para las rosas).
Aquella estrella romántica
se ha vuelto loca.
Balalín,
balalán
(Canta, ranita,
en tu choza
de sombra.)

That star, so romantic
(for the magnolias,
for the roses.)
That star, so romantic
has gone completely crazy.
Balalín,
balalán.
(Sing little froggy
in your shady
shanty.)

HOSPICIO

Y las estrellas pobres,
las que no tienen luz,
¡qué dolor,
qué dolor,
qué pena!,
están abandonadas
sobre un azul borroso.

¡Qué dolor,
qué dolor,
qué pena!

ORPHANAGE

And the poor stars,
those that have no light,
what pain,
what pain,
what suffering!,
are abandoned
on a blurry blue.

What pain,
what pain,
what suffering!

PRIMERA PÁGINA

A Isabel Clara, mi ahijada

Fuente clara.
Cielo claro.

¡Oh, cómo se agrandan
los pájaros!

Cielo claro.
Fuente clara.

¡Oh, cómo relumbran
las naranjas!

Fuente.
Cielo

¡Oh, cómo el trigo
es tierno!

Cielo.
Fuente.

¡Oh, cómo el trigo
es verde!

To Isabel Clara, my goddaughter

Clear fountain.
Clear sky.

Oh, how the birds
grow bigger!

Clear sky.
Clear fountain.

Oh, how the oranges
shine!

Fountain.
Sky.

Oh, how the wheat
is tender!

Sky.
Fountain.

Oh, how the wheat
is green!

CORTARON TRES ÁRBOLES

A Ernesto Halffter

Eran tres.
(Vino el día con sus hachas.)
Eran dos.
(Alas rastreras de plata.)
Era uno.
Era ninguno.
(Se quedó desnuda el agua.)

THEY CUT DOWN THREE TREES

To Ernesto Halffter

There were three.
(The day came with its axes.)
There were two.
(Skimming wings of plated silver.)
There was one.
There were none.
(It left the water naked.)

CARACOLA

A Natalita Jiménez

Me han traído una caracola.

Dentro le canta
un mar de mapa.
Mi corazón
se llena de agua
con pececillos
de sombra y plata.

Me han traído una caracola.

CONCH SHELL

To Natalita Jiménez

They have brought me a conch shell.

Within it sings
a map sized sea.
My heart
fills up with water
and little fish
of shadow and silver.

They have brought me a conch shell.

AGUA, ¿DÓNDE VAS?

Agua, ¿dónde vas?

   Riyendo voy por el río
a las orillas del mar.

   Mar, ¿adónde vas?

   Río arriba voy buscando
fuente donde descansar.

   Chopo, y tú ¿qué harás?

   No quiero decirte nada.
Yo . . . ¡temblar!

   ¿Qué deseo, qué no deseo,
por el río y por la mar?

   (Cuatro pájaros sin rumbo
en el alto chopo están.)

WATER, WHERE ARE YOU GOING?

Water, where are you going?

    I am going down the river, gurgling
to the shores of the sea.

    Ocean, where are you going?

    Up the river I go looking
for the source where I can lie at ease.

    Poplar, and you? What will you do?

    I don't want to tell you . . .
nothing. Trembling . . . I will be!

    What do I want, what don't I want,
by the river and by the sea?

    (Four birds without direction
are high in the poplar tree.)

PAISAJE

El campo
de olivos
se abre y se cierra
como un abanico.
Sobre el olivar
hay un cielo hundido
y una lluvia oscura
de luceros fríos.
Tiembla junco y penumbra
a la orilla del río.
Se riza el aire gris.
Los olivos,
están cargados
de gritos.
Una bandada
de pájaros cautivos,
que mueven sus larguísimas
colas en lo sombrío.

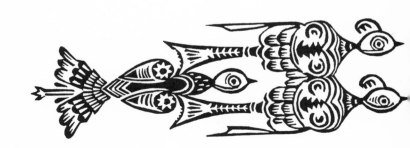

LANDSCAPE

The field
of olive trees
opens and folds
like a fan.
Over the olive grove
is a sunken sky
and a dark rain
of cold bright stars.
Reeds and half-light tremble
on the banks of the river.
The gray air curls.
The olive trees
are charged
with shouts.
A flock of captive birds
move their long
long tails in the gloom.

BALADA AMARILLA

En lo alto de aquel monte
hay un arbolito verde.

Pastor que vas,
pastor que vienes.

Olivares soñolientos
bajan al llano caliente.

Pastor que vas,
pastor que vienes.

Ni ovejas blancas ni perro
ni cayado ni amor tienes.

Pastor que vas.

Como una sombra de oro,
en el trigal te disuelves.

Pastor que vienes.

YELLOW BALLAD

High on that mountain
is a tiny green tree.

> Shepherd who comes,
> shepherd who goes.

Sleepy olive groves
descend to hot plains.

> Shepherd who comes,
> shepherd who goes.

You have neither white sheep nor dog
nor staff nor love.

> Shepherd who comes.

Like a shadow of gold
you dissolve in the wheat.

> Shepherd who goes.

MARIPOSA

Mariposa del aire,
qué hermosa eres,
mariposa del aire
dorada y verde.
Luz del candil,
mariposa del aire,
¡quédate ahí, ahí, ahí! . . .
No te quieres parar,
pararte no quieres.
Mariposa del aire
dorada y verde.
Luz de candil,
mariposa del aire,
¡quédate ahí, ahí, ahí! . . .
¡Quédate ahí!
Mariposa, ¿estás ahí?

BUTTERFLY

Butterfly of the air,
how beautiful you are;
butterfly of the air
gilded and green.
Light of the lamp,
butterfly of the air,
stay there, there, there! ...
You don't want to stop,
to stop you don't want.
Butterfly of the air
gilded and green.
Light of the lamp,
butterfly of the air,
stay there, there, there! ...
stay there!
Butterfly, are you there?

TÍO-VIVO

A José Bergamín

Los días de fiesta
van sobre ruedas.
El tío-vivo los trae,
y los lleva.

Corpus azul.
Blanca Nochebuena.

Los días abandonan
su piel, como las culebras,
con la sola excepción
de los días de fiesta.

Estos son los mismos
de nuestras madres viejas.
Sus tardes son largas colas
de moeré y lentejuelas.

Corpus azul.
Blanca Nochebuena.

El tío-vivo gira
colgado de una estrella.
Tulipán de las cinco
partes de la tierra.

MERRY-GO-ROUND

To José Bergamín

The holidays
go by on wheels.
The merry-go-round brings them
and takes them away.

   Blue Corpus Christi.
White Christmas Eve.

   The days leave their skins
behind, like snakes,
excepting alone,
the holidays.

   These are the same as
of our old mothers':
their afternoons long trains
of shimmering silk and sequins.

   Blue Corpus Christi.
White Christmas Eve.

   The merry-go-round turns,
hung from a star.
A tulip from the five
parts of the earth.

Sobre caballitos
disfrazados de panteras
los niños se comen la luna
como si fuera una cereza.

¡Rabia, rabia, Marco Polo!
Sobre una fantástica rueda,
los niños ven lontananzas
desconocidas de la tierra.

Corpus azul.
Blanca Nochebuena.

On little horses
disguised as panthers
the children eat the moon
as if it were a cherry.

Rage, rage, Marco Polo!
On a wheel fantastic,
the children see horizons
unknown on all the earth.

Blue Corpus Christi.
White Christmas Eve.

VALS EN LAS RAMAS

Cayó una hoja
y dos
y tres.
Por la luna nadaba un pez.
El agua duerme una hora
y el mar blanco duerme cien.
La dama
estaba muerta en la rama.
La monja
cantaba dentro de la toronja.
La niña
iba por el pino a la piña.
Y el pino
buscaba la plumilla del trino.
Pero el ruiseñor
lloraba sus heridas alrededor.
Y yo también
porque cayó una hoja
y dos
y tres.
Y una cabeza de cristal
y un violín de papel
y la nieve podría con el mundo
una a una
dos a dos
y tres a tres.

WALTZ IN THE BRANCHES

A leaf fell
and two
and three.
A fish swam by the moon.
The water sleeps an hour
and the white sea sleeps one hundred.
The Dame
was dead upon the branch.
The nun
sang in the grapefruit.
The girl
went through the pine tree to the cone.
And the pine tree
searched for the nib of the trill.
But the nightingale
cried his wounds around.
And also I,
because a leaf fell
and two
and three.
And a crystal head
and a paper violin
and the snow could best the world
one to one
two to two
and three to three.

¡Oh duro marfil de carnes invisibles!
¡Oh golfo sin hormigas del amanecer!
Con el numen de las ramas,
con el ay de las damas,
con el croo de las ranas,
y el geo amarillo de la miel.
Llegará un torso de sombra
coronado de laurel.
Será el cielo para el viento
duro como una pared
y las ramas desgajadas
se irán bailando con él.
Una a una
alrededor de la luna,
dos a dos
alrededor del sol,
y tres a tres
para que los marfiles se duerman bien.

Oh tough ivory of invisible flesh!
Oh gulf without the ants of dawn!
With the inspiration of the branches,
with the sighs of the ladies,
with the croak of the frogs,
and the yellow geo-honey.
A torso of shade will come
crowned in laurel.
The sky will be hard as a wall
for the wind
and torn away branches
will go dancing with him.
One to one
around the moon,
two to two
around the sun,
and three to three
so the ivory might sleep well.

DE CASA EN CASA

Vámonos; de casa en casa
llegaremos donde pacen
los caballitos del agua.
No es el cielo. Es tierra dura
con muchos grillos que cantan,
con hierbas que se menean,
con nubes que se levantan,
con hondas que lanzan piedras
y el viento como una espada.
¡Yo quiero ser niño, un niño!

FROM HOUSE TO HOUSE

Let's go from house to house,
we'll come to where
the seahorse graze.
It's not the sky. It's solid earth
with so many crickets that sing
with grasses that wave,
with clouds that lift,
with slings shooting stones
and the sword-like wind.
I want to be a boy, a boy!